Gorriones y sombreros

Gorriones y sombreros

Cartas inventadas a Leonard Cohen

Título: Gorriones y sombreros

Autor: Gaztea Ruiz

ISBN: 978-84-16030-46-0

Editorial TintaMala

A quienes también habéis muerto.
Y también no del todo.
Este libro es lo más cerca
que he estado de contaros la verdad.

Pero toco la alegría,
porque aunque todo esté muerto
yo aún estoy vivo y lo sé.
José Hierro

Beneath my hands
your small breasts
are the upturned bellies
of breathing fallen sparrows.
Leonard Cohen

ACLARACIÓN SOBRE LOS NOMBRES:

Federico es Federico García Lorca.

Miguel es Miguel Hernández.

Gloria es Gloria Fuertes.

Pablo es Pablo Neruda.

Bertolt es Bertolt Brecht.

León es León Felipe.

Ángel es Ángel González.

Jorge Luis es Jorge Luis Borges.

Manuel es Manuel Machado.

Gabriel es Gabriel Celaya.

Johann Sebastian es Johann Sebastian Bach.

Constantino es Constantino Cavafis.

Albert es Albert Camus.

Joan Manuel es Joan Manuel Serrat.

Antonio es Antonio Machado.

Rafael es Rafael Alberti.

Ramón es Ramón Sijé.

Y Leonard es Leonard Cohen.

I

Querido Leonard:

Empiezo con estas líneas un desahogo porque estoy ahogado. Las líneas se van sucediendo sin saber si llegarán a completar un libro y sin saber tampoco si se publicará después este libro dudoso. Acompaña a esta escritura una pastosa sensación de absurdo, porque absurdo es escribirle a un muerto.

Te escribo a ti, Leonard, última opción para evitar la locura y la depresión, criaturas húmedas que vienen amasándome los pies desde hace unos pocos años.

Yo sé, como sabe cualquier hombre desesperado, que lo sabido no vale para nada y que lo que se siente te puede devorar.

Si estas palabras hubieran llegado a tus manos y tus ojos cuando todavía vivías, las hubieras recibido con esa media sonrisa tuya, estoy seguro, tomandote el tiempo justo para leerlas antes de conquistar Manhattan, paso previo a hacerte con Berlín.

De modo que aquí me tienes, desesperado y absurdo. Ahogado. Eres mi juego literario y deberás perdonarme desde ese lugar vacío que ahora eres el que te use, imaginando que sigues vivo para poder escribirte.

Otra opción era escribirme a mí mismo pero no llega a tanto mi vanidad, aunque casi.

Bueno, Leonard, a lo tonto ya te he escrito la primera carta.

Tuyo, el nieto de Tomasa.

PD: «You want it darker» me conmueve hasta lo indecible. Te lo digo con la voz pequeña y el miedo grande.

II

Querido Leonard:

Pensaba en abandonar esta tontería de escribirte y hasta lo había decidido en firme. Ya ves de qué valen mis firmezas. Me gustaría decirte que me ha hecho cambiar de opinión tu versión del «*Pequeño vals vienés*» de Federico sonando a traición en algún raro dial de radio. La verdad es otra.

La desesperanza sigue amasando con parsimonia mis pies y las tripas de mi pensamiento, ante lo que no estoy hayando mejor alivio que estas palabras que garabateo con tinta roja sobre un cuaderno grande y cuadriculado —para sujetar la tendencia a la curva descendente que siempre tienen mis líneas—.

Hace un rato he leído que Gloria defendía que había que reírse más y hablar menos. Me ha recordado un poco a esa risa-armadura que tenía Gabriel. Así, como consejo, suena bien y queda de lujo para un meme de Facebook. Sin embargo, yo no tengo los dedos para risas, ni la boca para luz.

Se están acostumbrando los días a echarme sobre la frente un velo de angustia —apenas imperceptible para los demás—, aullido arenoso. No me salen las alegrías porque me han puesto el futuro a dieta y el hambre no suele compadrear con la alegría.

Gloria era una mujer con corbata y cara de balón de fútbol que quería quitar los gatillos a las armas, como si eso fuera tan fácil.

Resulta curioso cómo las metáforas quedan hibernando en la tinta impresa, en los poemas que tienen los libros cerrados, metáforas que solo vuelven a la vida —parecidas a los destellos del agua— cuando entran por los ojos de alguien que se aplica a su lectura. Lástima de metáforas y de libros que hibernan, lástima de olvido y de tinta no leída, lástima de olvido y de agua sin destellos.

¿Tú sabías que quienes escribimos somos siempre iguales al principio? Sí, ante el papel en blanco y con una o varias ideas que nos parecen perfectas, cualquiera se arranca a escribir como lo hicieron Federico o Pablo. Después, no. Las palabras no nos salen con el orden, la altura y el empuje necesarios. Esto te lo cuento sin resto alguno de resignación. Al contrario, me hiere como no te haces una idea ser un mal escritor.

Bueno, suficientes quejas de mediocre por ahora —en otra carta te hablaré más de mi rabia por eso—.

Mira por dónde, ya tengo terminada la segunda carta.

Tuyo, el nieto de Tomasa.

III

Querido Leonard:

No tiene demasiado mérito destrozarme. Si fuera una persona rocosa, de esas con firmes convicciones, de las que llegan hasta los últimos versos del poema de Bertolt, los responsables de los martillos podrían sentir cierto orgullo al derribarme.

Pero no. Soy poca cosa y cansada.

Quizá la cuestión radique en que aparento un poderío que ya quisiera tener y por eso cuando me golpean lo hacen por encima de mis posibilidades —de resistencia—. Esos golpes destinados a quien creen que soy resultan demoledores en el que soy. Un poquillo de viento me hace crujir la cintura.

Cometo el error de tomarme en serio y me creo que estoy doblando el Cabo de Hornos a los cuarenta, lo cual es excesivo y grandilocuente, como un gorrión metido a águila. ¿Te he contado alguna vez de mi querencia por los gorriones? Ya sé que nunca te lo he contado —por ser este libro la primera vez que dialogamos—. Me gustan mucho los gorriones. Llegué a suponer hace tiempo que mi alma era como esas piedras del camino que escribiera León. Ahora sé que, más bien, mi alma es de gorrión: liviana, quebradiza, breve y tan común como cualquiera.

En ocasiones veo a estos pajarillos en el balcón de mi oficina o en el colgadero de la ropa de mi casa, momentos que aprovecho para dejarme llevar convenciéndome de que sus apariciones cotidianas son mensajes de mi propia alma. Ya ves, esa constante necesidad de creer, aunque sea en los gorriones.

También tiene su parte de fracaso cuando me encuentro con un gorrioncillo muerto en medio de cualquier acera, frío y rígido, minúsculo. Se me encogen los andares y hago un amago de detenerme ante ese cuerpecillo plumado. Ahí también imagino mensajes de mística negatividad.

De los gorriones me gusta sobre todo su fragilidad y, como escribí un día en un poema, si existiera la reencarnación y me tocara volver, que fuera en una de estas aves, para otra vez morir pronto, helado y arrugado como una nuez.

¿Tú volverías a la vida? Si ya lo has hecho, resulta que te he escogido erróneamente como figura literaria de difunto.

Bueno... que si has vuelto a vivir, házmelo saber. No sé, mándame un mensaje... con un gorrión.

Tuyo, el nieto de Tomasa.

PD: (Estoy cansado, Leonard, pero no se lo digas a nadie). Te lo pongo entre paréntesis para que quede entre tú, esos signos de puntuación y yo.

IV

Querido Leonard:

Aprendí muchas palabras en inglés y los nombres de muchas personas perfectamente prescindibles. Por perfectamente prescindibles, ya sabes, me refiero a gente como yo o como quienes gritan a los árbitros los domingos en los campos de fútbol.

También aprendí que hay que hacer la declaración de la renta sin trampas si uno quiere ser un buen patriota, porque la patria son los impuestos. Aprendí que cuando echan la llave al día queda escrito lo que se escribió y tratar de cambiarlo es falsear el inventario de la vida.

Aprendí que el roce hace el cariño. Y también rozaduras.

Pero hay algo que no aprendí y me convierte en un ignorante: no conozco los nombres de los árboles. Levanto la mirada hacia los montes para beber la luz del paisaje y se me atragantan las ramas, los troncos, las hojas... ¿Qué árbol será aquel?, ¿qué vieja historia de qué viejo pueblo habrá marcado su corteza?

Es ridículo que repita aquel verso que hablaba de un alma de encina si no sé distinguir una encina cuando la tengo ante mi alma.

Imagino a mi abuelo por aquellos caminos culebreros de las montañas cántabras, húmedos y empinados, rodeados de arboledas que su nieto no sabe nombrar. Sin nombre, primero se me escapan los árboles, luego los montes, después los caminos y, al final, también mi abuelo. No saber el nombre de los árboles me asusta. Esos nombres no nombrados son la palanca que puede reventar la presa que acoge mis recuerdos y provocar un efecto encadenado que vacíe el espacio de mis muertos.

No es que me falle la memoria, es ignorancia vegetal.

Robles, hayas, nogales, encinas, pinos, avellanos, álamos... llámalos a todos, Leonard, diles que vengan a mi ventana, a traerme el crujido de sus troncos forzados por la brisa, a protegerme de la ciudad y su luminosa rabia nocturna. Diles que se acerquen a mi corazón, que lo tengo mineral, que hundan sin miedo en él sus raíces. Que vengan todos a alimentarse de mí, de él.

Entonces, enraizado, aprenderé sus nombres y la felicidad y la tristeza serán un juego antiguo que ya no me interesará. Llámales, Leonard.

Anda, ve y diles.

Ya que no hacen caso a un vivo, quizá tenga suerte y escuchen a un muerto.

Tuyo, el nieto de Tomasa.

V

Querido
Leonard:

Se ha puesto a llover. Sin avisar. Es de noche y la noticia del agua ha entrado en mi habitación con el ruido que hacían las gotas reventando diminutas contra la persiana. Me gusta oír llover en medio del silencio de todo lo demás. Ayuda a comprender lo incomprensible. La lluvia trae respuestas del pasado y limpia la tierra que los días van depositando sobre los hombros. Lástima de respuestas de lluvia, porque se pierden cuando cae la última gota, como si la memoria necesitara de humedad y el olvido fuera un callejón seco.

Deja de llover y vuelvo a no comprender el mundo; deja de llover y se acaba la tregua; deja de llover —¿por qué tiene que dejar de llover?— y yo vuelvo a ser yo y tú vuelves a estar bien muerto.

Contabas algunas veces, Leonard, que únicamente cuando de verdad te calentó la piel el sol de Grecia se deshiló tu cuerpo. Pudiste entonces salir de un letargo del que no habías tenido plena conciencia hasta ese momento. Yo no tengo sol, tengo lluvia, que no calienta pero limpia, ya te lo he dicho, la tierra que los días van dejando sobre los hombros.

Como dijo Jorge Luis, la lluvia cae siempre en el ayer y será por eso que cae con respuestas. Derraman las nubes sus limpias hijas sobre los tejados y los paraguas para que el pasado vuelva.

Cuando no llueve y necesito humedad y memoria, acudo con obsesión al mar.

Lo del mar te lo cuento en la siguiente carta, que no conviene mezclar dulce con salado.

                                        Tuyo, el nieto de Tomasa.

VI

Querido
Leonard:

Como te escribía, en las temporadas cada vez más habituales en las que se derrama poca agua del cielo, como yo sigo necesitando humedad y memoria, acudo con obsesión al mar.

El mar es una ciudad de gotas de lluvia con gabardina de sal. Gotas nerviosas, en constante movimiento.

Meterse en el mar también es ayer, pero peor. El viejo irascible que es el mar tiene el enfado fácil y golpea a ciegas sin diferenciar lo bueno de lo malo.

El mar se ha tragado tantos barcos que su aliento sabe al llanto de quienes esperaban en tierra la vuelta imposible de sus ahogados. Por eso tiene sal.

Sí, es peor el mar que la lluvia. Yo le escribí un poema comparándolo con la muerte... lo cual, te lo reconozco en confianza, supuso un texto sin mérito alguno, porque esa comparación está muy manoseada —la había hecho, sin ir más lejos, Manuel, el hermano de Antonio—.

El mar se pinta mechones blancos de espuma y se ofrece juguetón a las bañistas de anchos tobillos en los poemas de Ángel, que se dejan lamer porque no le conocen bien.

Descubrí hace tiempo que sus días de agosto son mentira. Comprendí las trampas del mar cuando me paré a pensarlo, mientras llovía.

Lástima que, tras caer la última gota, olvidé mi descubrimiento sobre la verdadera naturaleza del mar. Suerte que lo había escrito, Leonard, con tinta roja en un cuaderno cuadriculado y, aunque el callejón se secó, puedo recordar para siempre lo miserable que es el grandioso mar, que me abraza como a cualquiera.

Supongo que donde tú estás no hay mar, ni orillas.

Tuyo, el nieto de Tomasa.

VII

Querido Leonard:

ate mi corazón a compases cambiantes, como los de cualquier otro corazón de cualquier otro ser corazonado. Respiran mis pulmones trece veces por minuto como dijo Gabriel o incluso más veces, que hay minutos largos y cortos, hasta hay minutos simpáticos y afilados.

Me levanto casi todas las mañanas bailando torpe con el sueño, acudo al trabajo y amaso palabras. Es curiosa esta profesión mía de panadero de discursos, en la que nunca logro encarrilar más de tres frases a gusto. Escribo a trompicones para convencer a quien o ya está convencido o nunca lo estará. Lo mío es trompiconear entre sordos.

Como chocolate, me quedo mirando a la gente y lanzo preguntas al cielo, que siempre responde sonriendo porque la nubes son una forma como otra cualquiera de sonreír.

Acabo el día escribiendo estas líneas dirigidas a un muerto, tú, que no tienes más sustancia que la que yo te quiera dar en estos textos.

A ti te lo puedo contar, Leonard, porque es contármelo a mí: la vida vino en mi busca y no me encontró. El latir, respirar, el echar el día escribiendo... es querer regar un campo con el agua de una ría: llorar sobre lo sembrado. A ti te lo puedo contar, sí, a ti, que estás muerto, puedo decirte que también lo estoy. Creyeron que mi paseo al borde del abismo tuvo un final feliz y en verdad lo tuvo, porque caí.

Morir era esto, romperte y que se fueran cayendo los pedazos por el camino, seguir despedazado hasta llegar a ser un contorno apenas, una línea que se alimenta de mimbres doblados por el viento.

De modo que soy tan absurdo como tú. Saludo cada día al día recordándoles que estoy muerto pero no se dan por enterados y se ríen de mis angustias con una sonrisa de granito, que no es nube, pero es una forma como otra cualquiera de sonreír.

Por eso sigo, porque no me creen.

Cuando de vez en cuando me prestan un poco de atención, dicen que cómo voy a haber muerto si lato, respiro, río y engullo chocolate. Si estoy, corro, voy y digo, si me aprendo la lección y echo una mano cuando se tercia.

No me gusta repetirme y lo dejo estar, que crean lo que quieran. Eso es lo mejor, ¿verdad Leonard?

No se han asomado al fondo de mis cejas. Allí no hay brillo. Allí está sentada la muerte, que es una forma como otra cualquiera de no sonreír.

Tuyo, el nieto de Tomasa.

VIII

Querido
Leonard:

Pienso a menudo en la muerte. Ya sabes, por aquello de tener más presente que todo pasará pronto, que hay que disfrutar de la vida, de la luz y sus milagros. No funciona. Me invade una melancolía pesada y lenta, como la de las vacas espantando moscas con sus mugrientos rabos.

Suelen acabar mis pensamientos sobre la muerte en el trozo final de mi existencia que la precederá, con un deseo de caserón viejo, chimenea y silencio, un deseo de estancia donde poder releer antes del final los muchos libros que ahora me acompañan —y alguno nuevo también, si fuere posible—. Achacoso y cansado, como un perro enfermo, cerca del calor de la hoguera, mientras fuera hará sus fríos el invierno. El crepitar de la leña, la llama con sus infinitas variables, como una melodía en manos de Johann Sebastian. Y las lecturas, las páginas que iré pasando con teatral indolencia mientras, en un rincón, irá ensanchándose la sombra que acabará por engullirme.

Vi el otro día, Leonard, una foto tuya. Se supone que la última que te hicieron en vida (espero de corazón que no te hayan sacado ninguna muerto). Estabas de espaldas, sentado, mirando un jardín. Yo no sé si quiero eso, jardines en el final... ¿para qué?

Me gustaría morirme solo. Sí, solo. Después de unas buenas despedidas y unas buenas lágrimas, de unos buenos «Aquí os dejo, que no os pase nada». Y morirme sin importancia, que bastante y demasiada me la estoy dando en vida. Quebrarme sin ruido, sin dolor, sin tiempo de pensar en nada. Irme con un gesto insignificante y común, como el aleteo de una mariposa, como un pasito de gorrión, como el bostezo de un gato, como el saludo de un dictador. Me gustaría marcharme sin épica, que mi última ansia estuviera vacía. Nada de nada en el final, la atmósfera de la Luna, la mirada de Homero.

Para ese momento me estoy quitando la vanidad, que es la piel más complicada de arrancar. Con fuerza tiro y no sale de una pieza, sino que quedan jirones obcecados, imposibles de despegar. No hay peor vanidad que la mía, que se piensa humilde, que me pienso humilde.

Y después de mi vida, cuando la de los demás siga, será lógico que me olviden y yo, si pudiera, se lo agradecería, porque es agotador este que conmigo va.

Podría añadir que echo de menos a mis muertos, a todos los que pueblan la habitación de mis muertos, cada vez más abarrotada. Pero tampoco sería verdad. No os echo de menos, Leonard, al revés, a menudo me pesáis en el recuerdo. Y tengo el recuerdo para pocos pesos, para muy poquitos.

Tuyo, el nieto de Tomasa.

IX

Querido Leonard:

Una pregunta: ¿qué Cavafis tiene razón, el del poema «*Ítaca*» o del poema la «*Segunda Odisea*»? En el primero dice el de Alejandría que el hogar, el reino añorado de Ítaca, "te ha dado el viaje hermoso" desde Troya y no te ha engañado aunque "la encuentres mísera", puesto que ha sido el viaje de vuelta el que te ha hecho sabio.

Sí, Leonard, dice el poeta amante de efebos que te ha hecho sabio la isla al forzarte a regresar. Allí recuperas a la tejedora Penélope y descubres al hombre en que se ha convertido Telémaco. Y te pegas un festín de arco y sangre matando unos cuantos triperos que pensaban que toda Ítaca era orégano.

Buen plan.

Pero después Cavafis escribe ese segundo poema en el que todo lo dicho se convierte en "hastío". Ulises se va, ya viejo; se hace otra vez a la mar poniendo proa "hacia Iberia". En esa huida, para más confusión, se siente revivir y "su corazón aventurero, fríamente se alegró" dejando a su espalda la tierra a la que tanto le había costado volver.

A mí me alucinaba el poema «*Ítaca*», colocaba —al menos durante los dos minutos de su lectura— toda mi vida en orden. Es de agradecer un poco de orden.

El poema de la «*Segunda Odisea*» lo he descubierto hace poco y me ha reventado los esquemas. Ya no tengo orden en mi vida ni durante dos minutos.

Tuyo, el nieto de Tomasa.

X

Querido Leonard:

Yo amaba Bilbao. En esa ciudad reinó aquel sol de infancia que me libró de todo resentimiento, si me permites parafrasear al bueno de Albert.

Sus calles tenían con mis pasos imberbes algo de vieja canción, nostálgica y monótona. Me sacaron de allí cuando estaba a punto de besar por primera vez a una chica, cuanto estaba a punto de dejar de ser niño, cuando estaba a punto de estar a punto.

Me sacaron de allí justo antes de que empezaran las sacudidas de la vida, los días que bromean con tu tristeza, los caminos de la mentira, las hojas sin vuelta, las cicatrices del cinismo.

Cuando me llegó todo esto ya lejos de la Ría y cerca del río, con barro en el agua de los grifos y un frío más seco en invierno, culpé a mi exilio de lo que apenas era una historia de adolescencia, como tantas. Situé mi Edén perdido en aquella ciudad que había dejado de ser mía.

Los años fueron cayendo y engalanando el recuerdo hasta convertirlo en un fantasma celestial, en un imposible de bondades y exuberancias que no existían. Ni allí ni nunca.

Pero mi empeño, borracho de ese imposible, fue volver. Y volví.

Lo dicen los derrotados y las canciones, es mejor no volver al lugar donde has sido feliz. Los ignorantes creemos saber porque hemos leído cuatro libros, sin asumir que fueron libros equivocados. A lomos de un viento ignorante volví a un imposible. Como una sucia cortina atravesé la imagen que yo había creado y me recibió la verdadera ciudad. Brillantísima, alegre, envidiada. Llenas las caras de sonrisas cuando la nombran. Qué bella ciudad es hoy Bilbao, Leonard, y qué fea era cuando era fea.

Pero me tengo que volver a marchar. Como una madrastra despiadada, cada día me susurra, enseñándome los colmillos: «¿Por qué has vuelto, extranjero?».

Tuyo, el nieto de Tomasa.

Querido
Leonard:

No creo en el infierno ese que cuentan los cuentistas, ni en el ángel caído que se rodea de sombras para ensombrecernos el camino a los mortales. No es que no crea porque piense que el infierno somos nosotros o los otros —según se mire—, ni porque no crea en Dios y, en consecuencia, tampoco en sus reflejos malignos.

Si no creo en el Diablo es porque he comprobado que la fortaleza siempre tiene un límite y, cuando se queda desnuda, es débil. Hasta el yunque acaba quebrado tras acumular suficientes golpes.

Aquel ángel despeñado del Cielo tuvo que notar en sus angelicales costillas la costalada. En su celestial corazón la lejanía de las nubes. Y en su mirada la falta de los ojos del Creador. ¿Cómo podría este ángel soportar todo eso y convertirse en un anti-Dios?

No, Leonard, no. Eso sería imposible. Si existieran Dios, ángeles y ángel caído, este último vagaría por los contornos de la eternidad tratando de redimirse, soportando con indecibles sufrimientos la ausencia del siempre presente, abrumadoramente arrepentido. Sería un ser quebradísimo, patria de la culpabilidad, y no una sucursal ígnea y subterránea del Cielo dispuesta a competir por la ganancia de nuevas almas.

Si un ángel hubiera caído por desairar al que está en los aires, sin duda buscaría nuestro bien para congraciarse con las alturas perdidas. Y estaría, aquí, ahora, animando la pluma con que escribo estas palabras. Y erizando el vello de quien, aquí, también ahora, las lee.

Tuyo, el nieto de Tomasa.

XII

Querido
Leonard:

Las pocas veces que voy a misa estoy muy atento a la liturgia, a los mensajes y los gestos de la celebración católica. Encuentro la mayoría de los planteamientos reconocibles y conformes a la educación que recibí en un colegio concertado. En muy contadas ocasiones de las contadas ocasiones en que acudo a una iglesia, oigo alguna idea que no me esperaba o que no tiene buen acomodo en mi mochila de conocimientos respecto de la ortodoxia de quienes siguen al Papa de Roma.

En esas contadas ocasiones suelo pensar que he entendido mal, que me falla la memoria o que —todo puede ser, ya que se cambió hasta el *Padre nuestro*— me he perdido alguna... llamémosle actualización de la doctrina.

Hoy he vuelto a misa y he vuelto a prestar atención. Ha saltado una chispa que me ha dejado muy pensativo. Si bien es cierto que esta vez no ha habido ningún choque con mis viejas lecciones cristianas, sí me ha sorprendido una frase que había pasado por alto las cientos de veces que anteriormente había escuchado. Puedes creerme, Leonard, es una frase del *Credo*.

Casi he dado un respingo al escuchar aquello de que Dios —su versión Hijo— «descendió a los infiernos» tras morir y antes de subir a la derecha de sí mismo —en versión Padre—.

Esta frase del *Credo*, hoy, ha disparado mi imaginación y mis preguntas. Preguntas a mí mismo que, por eso mismo, te las traslado a ti.

Parece claro que hay varios infiernos a no ser que el plural sirva para designar de forma genérica a todo ese espacio donde las almas culpables pagan sus culpas. Los infiernos son el lugar del Ángel caído y Dios —en persona de Hijo— bajó allí tras ser crucificado.

¿Para qué? ¿En qué forma? ¿Carne y hueso? ¿Qué hizo allí? ¿Cuánto tiempo estuvo, tres días...? ¿Se cruzó con el Maligno? ¿Cómo quedaron los infiernos tras su visita? ¿Dios había estado antes? ¿Ha vuelto a ir después de esta visita?

Otra cosa... la ascensión del Hijo fue más portentosa de lo que yo pensaba, porque no se inició desde la tumba, desde el Santo Sepulcro, sino desde más abajo, desde los profundísimos infiernos.

Leonard, tú estás en el Cielo, ¿verdad?

Tuyo, el nieto de Tomasa.

XIII

Querido Leonard:

Lo importante no lo he aprendido. Estaba sabido cuando salí de la que me trajo al tiempo. Una de esas lecciones importantes es que los sombreros quedan mejor ligeramente de lado, como tú bien supiste.

Otra, que los pequeños son grandes. Te conté lo de los gorriones, pero no es solo lo de estos pajarillos. Me refiero a esa gente de ancestros campesinos, perfectamente desapercibidos hoy sus gestos antiguos entre el ruido y los fluorescentes de la ciudad. Hombres y mujeres que han caminado a mi lado con esa cadencia del viento en los trigales, que parecen no tener nunca sed aunque siempre levanten los ojos con disimulo esperando lluvia. Son gente a la que el tamaño les trae sin cuidado, a la que la anchura de una espalda no dice nada, porque saben que la altura es lo cerca o lejos que están de mí. De ti.

No estaría mal acabar mis anhelos en un pueblo de Soria. Si no pudiera ser lo de chimenea y biblioteca, que pueda ser mi fin en tierras del alto Duero, entre relojes de cereal, empequeñeciéndome de forma imperceptible pero irreversible, para llegar justo al tamaño exacto de una buena muerte.

¿Tú conoces a alguien por ese lado que me pueda arreglar un tamaño correcto de muerte?

Tuyo, el nieto de Tomasa.

XIV

Querido Leonard:

Otra pregunta: ¿viste alguna vez en tu vida un mar enfadado, las olas como ejércitos lanzándose contra las rocas, reventando espuma como reventaría la sangre, retirándose después con timidez y prisa, como se ayuda a los heridos a abandonar el campo de batalla?

¿Viste una marejada —al menos una— en mi mar?

Quien muere sin ver una marejada en el Cantábrico muere demasiado pronto.

Yo te la doy, Leonard, mi recuerdo es tuyo ahora. Ten, toma la paz de un mar violento.

Seamos, pues, rocas rotas, guijarrillos, el fruto de siglos de oleaje, humilde arena.

Tuyo, el nieto de Tomasa.

XV

Querido Leonard:

Los años me van robando certezas. Sufro el robo sin resignación, con la furia ácida de los débiles que aparentamos no serlo.

Por aquello de que sobrevivir es vencer voy malgastando años de vida que me costeo a base de certezas. Cada año me cuesta, más o menos, media docena de certezas. No aguantaría ni diez minutos en una habitación con mi yo de hace 20 años, que me echaría a patadas por vendido, por pusilánime, por superviviente.

Me temo que la única certeza que lograré mantener hasta ser un trozo de carne podrida o quemada es la de los gorriones. Sí, otra vez vuelvo con los dichosos pajarillos que cantara Joan Manuel, avecillas pardas en la carrera de San Bernardo y nada más.

La infancia es una fábrica de certezas pero me las he gastado por no prestar atención a la letra pequeña de las hipotecas y de las entradas para el Paraíso.

Si pudieras pensar, si no estuvieras tan muerto y si no fueras solo fruto irreal de mi imaginación, me dirías que se puede vivir sin certezas. Que se puede vivir solo con la certeza de los gorriones.

Puede ser...

La espuma de las olas no sería tan blanca, las estaciones se acortarían y mezclarían, habría que guardar silencio ante la estupidez y la vida sería menos vida. Pero, sí, se podría vivir con esa única certeza en pie.

La alternativa sería ir en tu búsqueda, a tu lugar, romper la luz de mis ojos. Esta alternativa pondría fin al desfalco de certezas que vengo sufriendo, cierto, pero quién sabe qué pasaría con el tesoro de dudas que estoy acumulando.

Tuyo, el nieto de Tomasa.

PD: O no, depende. Qué sé yo...

XVI

Querido
Leonard:

Los ateos también esperamos milagros. Miramos alrededor en lugar de hacia arriba y sabemos que no deberíamos llamarlos milagros pero, sí, los esperamos.

Esperamos que no se apague la llama minúscula y agonizante. Siempre esperando lo que nos depara la vuelta de la esquina, que se dobla pero es recta.

Tuyo, el nieto de Tomasa.

PD: Tú, Leonard, ¿moriste creyendo?

XVII

Querido Leonard:

Lo peor de todo es el conocimiento. Mirarte al espejo, comprender y no poder remediarlo. Descubrir a la bestia de un primer vistazo, demasiado fácil, porque ni siquiera se toma la molestia de ocultarse mientras campea por esos páramos interiores. Hallarla ante ti, comprender que eres tú, no hacer nada. Saberla en y desde ti.

Qué envidia la ignoranacia feliz. Quisiera no saber. O saber y tener el consuelo de algún sol mediterráneo —que me aguardara dentro de algunas lunas— plagado de viejos dioses libres de culpa y esclavos de nada. Qué bien navegaría esas olas de nuetro mar de olivas, qué alta se me pondría la mirada, cómo miraría desde las alturas a mi bestia. Mi bestia no soportaría el amable sol primaveral de Grecia. De eso estoy seguro. No me haría falta un nuevo amor, como te hizo falta a ti, que eras muy de amores nuevos por defecto y afecto.

No me haría falta —te digo con cierto deje espartano—, lo que no quiere decir que me amarguen los dulces —aunque sean lacedemonios—.

El sol de esos mares de Ulises...

¿No me lo merezco acaso, Leonard, no merezco la piedad de los viejos dioses?

Tuyo, el nieto de Tomasa.

PD: ¿Será porque nunca aprendí completa la letra de «So long, Marianne*»?*

XVIII

Querido
Leonard:

Tú no sabrás dónde dejé las instrucciones de uso de mis hijos, ¿verdad?

Voy a ver si las encuentro.

Tuyo, el nieto de Tomasa.

XIX

Querido Leonard:

Es verdad eso de que los paisajes condicionan las almas. Las llanuras de Castilla, la de arriba y la de abajo, tienen algo que vaticina intemperie, que predispone al desamparo, que acomoda la mirada a un rudo desenlace meteorólogico que caerá plomizo sobre la cabeza y los hombros. El paisaje de estas tierras sabe lo que se le viene encima, aunque no sabe exactamente cuándo. Y, en este esperar, recela.

Los paisajes cantábricos, en cambio, están llenos de caminos que no dejan de empezar y acabar de subir y bajar. Caminos culebreros que desprecian la horizontalidad, que desafían al esfuerzo y la acometida quitando el resuello a caminantes y domingueros.

Me gusta, Leonard, alejarme del mar infinito de vez en cuando y llegarme al infinito castellano que quita importancia a quien pretende tenerla. Caminar kilómetros mientras el cielo te ignora, a solas con tu soledad, con el asombro que tenía Antonio ante tanto campo —ceniciento como sus colillas—.

Con su mismo asombro pero sin saber realmente qué es eso ingrávido y gentil como una pompa de jabón.

Tuyo, el nieto de Tomasa.

XX

Querido
Leonard:

Los mediocres desayunamos un tazón de rabia cada día. Rabia con leche y galletas, con cereales o tostadas, rabia con rabia. Como Miguel desayunaba pena con pena y pena, así nosotros, los mediocres, lo dejamos en rabia.

Rabiosos porque pensamos en quienes no desayunáis rabia, aunque tú ya ni desayunas ni cenas, tan solo sufres el hambre eterna de los muertos que amaron la vida y la perdieron.

Rabia de los mediocres que nos enfrentamos al verbo y la línea en franca desventaja, como si al cuerpo de nuestro talento le hubieran amputado un miembro de partida. El festín del arte se da en una mesa en la que algunos os habéis venido cebando indecentemente desde el fondo del tiempo mientras, ciegos y a gatas, el resto recogemos las migajas de genio que se os caen al suelo. Nos las llevamos con ansia a la boca, degustando el breve sabor.

Antes de empezar —a escribir, pintar, componer...—, somos tan buenos como los buenos. Después —fijado lo escrito, acabado el cuadro, levantado el edificio de la música...—, somos malos por comparación y sin remedio.

Eso me pasa a mí, por ejemplo, con este libro, que pega puñetazos entre sombras.

Moriré como tú pero —migajas recogidas del suelo— dejaré un recuerdo pequeño... rabioso.

Tuyo, el nieto de Tomasa.

XXI

Querido
Leonard:

Suelo escribir con pluma y tengo una docena de ellas. Ninguna que merezca la pena a ojos de un coleccionista. Es otra de mis ganas de llamar la atención porque atrae las miradas quien desliza su pluma sobre el papel. El dedo corazón de mi mano derecha suele acabar a menudo manchado de tinta roja. En una primera impresión parece sangre reseca y, en una segunda, se nota que es tinta. Resulta evocador que este dedo con nombre de órgano vital acabe manchado por el ejercicio de la escritura, aunque aún no he logrado cerrar el significado de la metáfora que, sin duda, se esconde en todo esto.

Dicen que Pablo escribía con tinta verde y así se comprueba en sus manuscritos. Vanidades de escritor.

Leonard, las vanidades y las ganas de que me quieran las tengo bien trabajadas. Lo del talento... en fin, no tengo claro si se trabaja o se sufre —por su ausencia—.

Tuyo, el nieto de Tomasa.

XXII

Querido
Leonard:

El mejor discurso que yo he escuchado comenzaba con la frase: «El mundo está herido». Hombres y mujeres caminamos rotos, como equilibristas que se esfuerzan por sujetarse el alma en un contrapeso imposible. El alma acaba caída, golpeada, herida.

Quien dijo aquella frase y todas las que la siguieron en aquel discurso hablaba de la pobreza, de la marginación de quienes se ponen de rodillas en las aceras de las grandes avenidas de las grandes ciudades, mirando nuestros corazones pequeños, para tratar de que llenemos de monedas el culo mal recortado de un *tetra-brick* de vino.

Heridas en el cuerpo, en el pensamiento y, ¡ay!, en la esperanza.

Personas a quienes la vida les cae a chorro y se atragantan.

Tú las viste también, Leonard, de eso estoy seguro, porque viste mucho mundo y viendo mucho mundo se ve mucha herida.

La calle y el frío les empuja hacia la boca ocre, hacia las fauces del desamparo —que no tienen prisa pero tampoco piedad—.

Da miedo ver tanta herida en tanta vida, ver tanta sangre al sur de las ciudades, sangre fuera de sus cauces por los lugares en sombra donde alguna vez alguien quiso encender una vela y acabó llorando.

Me dirás, como siempre, que es cruel hablarle a un muerto de las penas de la vida que dejó atrás. Da igual, Leonard, ya sabes bien para qué te cuento lo que me cuento.

Tuyo, el nieto de Tomasa.

XXIII

Querido
Leonard:

Si has pasado un mal amor puedes decir que has vivido. La vida es eso, creo yo, que no soy muy de creer. Echarte al deseo, al cuerpo enfrentado y comprobar lo que duele la falta de hospitalidad en la carne paralela. Quedar dolorido, el costado en púrpura, la mirada indecisa y las mañanas como bocetos siempre inconclusos.

Pasar un mal amor es abrir la puerta al tiempo y el aprendizaje, porque los buenos amores son irreales y no enseñan. Quienes han caminado por los malos amores saben que son botellas rotas de preciosos e hirientes vidrios.

Tras un mal amor, el resto de la vida es accesorio, es un colocarse bien en el sofá, elegir qué abrigo ponerte cuando aprieta el frío en noviembre, ver un gorrión muerto en la acera, preguntar «¿A qué piso va?» en el ascensor.

Conviene, por otra parte, no abusar de los malos amores. Si se acumulan demasiados, se acaba cogiendo cariño a la altura de los puentes. Ya sabes, Leonard, y al filo de las navajas.

Tuyo, el nieto de Tomasa.

XXIV

Querido Leonard:

Cortaron la vieja higuera a la que me subía cuando niño, acompañado de otros niños, para hincharme de felicidad e higos.

La vuelta al lugar donde tanto reí, ya sabes, me dejó clavado. Contemplé un breve apelotonamiento de hierbas donde mi vieja higuera estuvo tantos años atenta a las estaciones, cumpliendo su mandato vegetal y milenario.

Cuando me subía a aquel árbol, cuando todavía niño y ajeno aún a las metáforas femeninas de su fruto, la vida y el mundo eran redondos —ahora una es espinosa y el otro achatado por los polos—. La calle era mucho más grande entonces, el barrio era una inmensidad de distancias y amigos, las tardes de verano eran elásticas.

¿Qué habrá sido de su madera, de sus hojas y de sus frutos que nadie comerá?

Cortar una higuera debe de ser algo perfectamente rutinario para quien maneja motosierras. Lo mismo serán nuestras infancias para el tiempo. Quiero decir, Leonard, que el tiempo, tan aficionado a pasar, cortó mi infancia en un ejercicio perfectamente rutinario.

Tuyo, el nieto de Tomasa.

XXV

Querido Leonard:

Quisiera saber dónde estás, dónde está mi abuela. Me gustaría que vuestro recuerdo, recuerdo de muertos, fuera desafiando el tiempo como la miel. Dicen que en las tumbas de los viejos faraones encuentran a veces recipientes con miel —dejados hace milenios por quienes, desde el más acá, creían en el más allá— y que los arqueólogos la comen porque ha aguantado unos quintales de siglos sin pudrirse.

Me gustaría que el recuerdo de mi abuela fuera comestible hasta el fin de mis días. Y que, después, fuera traspasándose de vida en vida, hasta el fin de los días de quienes aún no existen pero hacen cola tras de mí mirando hacia el infinito.

Sé, sin embargo, que no será así. No he recibido yo ningún recuerdo comestible que alguien hubiera tenido antes, así que nadie recibirá el de mi abuela cuando me envuelva la nada.

Estas líneas pretenden en este punto algo de eso que confieren a la literatura, de la que dicen que otorga inmortalidad —cosa que, en confianza, siempre me pareció una gilipollez pretenciosa—. En cualquier caso, no podrá ser: esto no es literatura, sino palabras. Se parecen, pero no son lo mismo.

La memoria de mi abuela no será miel, Leonard, pero tampoco una gilipollez.

Tuyo, el nieto de Tomasa.

XXVI

Querido Leonard:

Supongo que sabes de las pesadillas que tenía Federico con cerdos que le comían las orejas. Debe de ser algo terrible eso de que una piara mugrienta y agresiva te rodee y acabe devorándote las orejas mientras gritas por una ayuda que no llega.

No sé si Federico soñaba también con muslos de varón y cosas de varón, con manos de hombre sobre su cuerpo granadino entre un mar de sábanas. Tampoco sé si estos sueños de hambre de muchachos, que por fuerza y ternura tendrían que ser hermosos, lograrían hacerle olvidar los otros, las pesadillas de los cerdos.

Contarte a ti los sueños del poeta, precismente a ti que le admiraste tanto, es enseñar a quien ya sabe, decirle a un corazón que debe seguir latiendo para no morir, como le pasó al suyo, al tuyo y al de todos los muertos.

¿A dónde irían esos cerdos después de comerle las orejas? Me imagino unos animales enloquecidos tras dejar un hombre amputado al sonido, envuelto en llanto y sangre. Unos animales desparramándose por los campos, atacando los olivares y las encinas, engalanando de suciedad el territorio de los sueños, pervirtiendo su fertilidad. Me imagino un miedo acumulado, agigantado hasta lo grotesco, una pesadilla de gruñidos como truenos, con niñas ahogándose en las acequias al intentar huir de las pezuñas, dejando un agua angustiada que nunca podrá ponerse otra vez de oro por muchos limones que le tiremos, porque una niña muerta deja el agua sin color ni sonido.

Federico superó siempre los ataques de los cerdos. Hasta la última vez, ya sabes, Leonard, aquella última vez de madrugada.

Tuyo, el nieto de Tomasa.

XXVII

Querido Leonard:

La noche me acompaña mejor al escribir. El silencio aceitoso y la oscuridad que solo rompe la electricidad son como un velo que mejora mis palabras —dentro de lo posible, claro—.

Lástima de amanecer, de sol y de día, que iluminan unas horas después los rincones de lo escrito, mostrando con indolencia las faltas y flaquezas de mis textos. Cuando lo escrito queda tan obscenamente expuesto a la luz de la mañana siento el fugaz impulso de dejarlo, de no volver a coger una pluma para nada distinto de firmar facturas. Es un impulso que se me pasa rápido, arrastrado por la vanidad que me lleva, de nuevo en la noche, a la hoja en blanco y la tinta roja.

Soy escritor malo, ya sabes, escritor de velos que teme siempre el momento del desvelo. Satisfecho de que las sombras oculten mis debilidades, temeroso de su pública exposición. Escritor cucaracha, fotofóbico.

Pero escritor, Leonard, aunque sea pidiendo perdón.

Tuyo, el nieto de Tomasa.

XXVIII

Querido
Leonard:

Me pregunto cuántas veces podemos traicionarnos. Los sueños, el horizonte de actos y besos que uno se planteó en los días antiguos acaba desdibujándose con el paso de las estaciones.

Nos alegramos con los colores de la primavera o nos preparamos para dejarnos llevar hacia la nostalgia en otoño. Para la exhibición de carnes en verano o las frases sobre el mal tiempo en invierno. Lo malo es que cada estación arrastra a su espalda, oculto, un carrito de arena traicionera que se nos derrama encima sepultándonos los pies —primero—, el resto del cuerpo —después— y la mirada que teníamos —al final—. Sepultados en tiempo no queda otra que buscarnos un nuevo yo, traicionarnos.

Quedan inservibles los papeles que habíamos firmado con nuestros anhelos en ceremonias individuales. Papeles íntimos y mojados. Y piel más seca, agostada, porque esa arena de las estaciones, ensayo de la muerte, va quitando tersura y confianza al cuerpo.

Me dirás, Leonard, que hay que morir muchas veces antes de morir del todo. Y yo te contestaré que a mí no puedes hacerme trampas, que eso no es tuyo, que ya lo dijo Miguel cuando escribió que son muchos tragos la vida y un solo trago la muerte.

Tuyo, el nieto de Tomasa.

XXIX

Querido Leonard:

Hay días que la poesía empapa. Uno acaba creyéndose poema, un ser irreal y emocionado que se mueve por la inercia de las metáforas, subido a las palabras.

La realidad, entonces, no llega más allá de los bordes de las páginas de un libro, del verbo que tiembla en los versos. Los frutos de las horas son tinta y blanco de papel, tipografía, márgenes, olor de libro, voz, canción.

¿No te sentiste nunca poema, Leonard? Estoy seguro de que sí. Si no te ocurrió, da igual, eres mi muerto inventado para estos textos y me tomo la libertad de encadenarte a algún escrito de Federico —dulcísimas cadenas—.

Ser poema es hermoso, aunque sea una forma de ser breve, pez que salta del agua de la vida al aire de la eternidad durante un eterno segundo, volviendo despúes a las crueldades líquidas del tiempo. Toda alma debería tener un segundo de poema al menos una vez en la eternidad, porque eso es vida en la vida, estar vivo al cuadrado.

A mí me gusta ser el poema de León del que ya te hablé, porque los versos de «*Como tú*» son como yo. Y centellear hundido en el barro, bajo los cascos, bajo las ruedas.

Cosas de poetas, ¿verdad, Leonard?

Tuyo, el nieto de Tomasa.

XXX

Querido
Leonard:

Creo que los años me están dejando sin sentido del humor, que era la forma en que la esperanza habitaba en mí. No consigo reírme más que muy forzadamente de los chistes de negros, de los de mujeres y maricas. Eso está bien.

Pero tampoco me río de otras ocurrencias y, si lo hago, es por consideración hacia quien está relatándola. Antes participaba de cualquier jolgorio y ahora me aturden estas gracias a las que no se la encuentro.

Quizá, querido Leonard, transito hacia una vejez huraña y cruel, vejez intemperie barrida por el viento de la seriedad como navío desarbolado.

Me gusta mucho revisar tus fotos porque tú lo hiciste al revés. De joven tu rostro era más grave. Se fue tiznando de una media sonrisa irónica con el paso de las décadas. ¿Era apenas un disfraz, una defensa, una costra farsante ante el mundo? Me da igual lo que fuera, Leonard, yo necesito beberme así la vida, a traguitos de media sonrisa que es la felicidad entera según yo la imagino.

Cuando me muera, un minuto antes, puede que sonría pensando: «El último que apague la luz, que Iberdrola y Endesa son inmortales».

Tuyo, el nieto de Tomasa.

XXXI

Querido Leonard:

Vivimos en la ilusión de que lo de ayer sigue hoy. Pero no. En este rato que llamamos día, el planeta le da el culo y la cara al sol, haciendo que el suelo y lo que el suelo sujeta no sean lo mismo y lo mismo sea diferente.

Cometemos el error de organizarnos para un continuo repetirse y repetirnos, sin darnos cuenta de que tenemos horas de menos y arrugas de más.

Yo nos entiendo y nos perdono, Leonard, porque tanto cambiar cansa el paso y es preferible disimular. Preferiría ser arbusto o, ya sabes, gorrión o piedra del camino embarrado.

La rutina nos miente días iguales, días rutinarios solo en disfraz, falsas fotocopias que aparentemente tienen los mismos nombres y los mismos gestos —salvo catástrofes o desamores—. Formas casi iguales, variables de gris, ilusión de permanencia.

En ese repetirnos casi iguales se nos escapa el tiempo como agua entre las grietas de las rocas, alegre de marcharse, imperceptible en su goteo.

Hacemos planes como si no cambiara lo que cambia y después, claro, cuesta corregir el rumbo. No corregimos los planes hasta que el aire se nos vuelve raro y la nave se conmueve; y nos damos cuenta de que no tiene gobierno lo que es ingobernable. La vida.

Tuyo, el nieto de Tomasa.

XXXII

Querido Leonard:

Me gustan las ciudades a primera hora de la mañana. Las calles están de estreno, el ruido aún no mancha el pensamiento y la mayoría de los malos no ha tenido tiempo para recoger el fruto de sus cosechas viles.

Caminar a primera hora de la mañana es comprobar cómo saltan y cantan las entradas de los colegios, comprobar la pulcritud de los trajes sin arrugas y el pelo en su sitio —no es común ese talento tuyo, Leonard, de acabar el día con la corbata y el sombrero en su sitio—. Me parece escuchar un rumor feliz cuando encuentro al principio del día los cuerpos y las ropas moviéndose casi al mismo compás: blusas leves, pantalones rectos.

La prisa a esa hora es blanca y lisa, ya llegará el momento en que las broncas y los desatinos la pinten de un marrón agolpado.

Me ocurre en estos ratos mañaneros que siempre tienen un final en café. Tomo un cortado en cualquier cafetería y, al salir de nuevo a la calle, se ha marchado esa primera hora del día. Da igual lo rápido que tome el café, después siempre es ya tarde, mañana aún, pero tarde. Con el cambio de instante el alma se siente menos poema, uno empieza a comprender a quienes han aprobado las oposiciones a Notarías y ya no paseo más.

Recorro por último las calles y voy al trabajo. Ir no es lo mismo que pasear. Será porque mis cortados son siempre sin azúcar.

Tuyo, el nieto de Tomasa.

XXXIII

Querido Leonard:

Pertenezco a una familia de emigrantes, lo que convierte a mi gente en un grupo inclinado a la nostalgia, a dejarnos caer por la parte más burda de los relojes. Vivimos como si el único lugar en el que mereceria la pena pasar penas fuera aquél que dejaron atrás, hace mucho, nuestros mayores. Podemos llamarle Granada, pero no es esa ciudad, sino un estado de ánimo, un lapso de tiempo perdido, la altura de sus torres —que dijo Rafael— convertida en un imposible que eclipsa la felicidad.

Vivimos en mi familia el presente como una traición a aquel Edén, sabiendo sin embargo a ciencia cierta que es metira lo recordado, que son mentira el pasado, las historias contadas y las emociones que le han venido dando color. Somos una suerte de Boabdil masoquista, encantado de lamentarse por la pérdida de aquella antigua verdad —falsa—.

Y despreciamos el presente, le negamos su auténtico valor y, en suma, lo ninguneamos como los suicidas. Este desprecio del hoy refuerza un vivir doliente y desértico que, ahí reside nuestro oscuro trampantojo, hace brillar la moneda de los viejos tiempos. Manoseamos esa moneda admirados de su fulgor pero no es posible comprar con ella ni una humilde barra de pan.

Porque, Leonard, las barras de pan suceden en el presente.

Tuyo, el nieto de Tomasa.

XXXIV

Querido Leonard:

No he tenido nunca hambre y me da vértigo pensar que pueda llegar a tenerla. Ya lo dijo Miguel, «Tened presente el hambre», y procuro hacerlo. A veces me olvido, pero es por todo lo que me rodea, por el ruido de las cosas.

Las cosas, lo que poseemos, provoca un sonido sordo, tanto mayor cuanto más poseemos. Sin darnos cuenta, el ruido de las cosas a nuestro alrededor amortigua y anula el sonido de nuestras respiraciones, de mis dedos en los pechos de mi mujer y hasta el de mis hijos conforme van creciendo.

Es peligroso el ruido de las cosas porque no suena pero oculta lo que debería sonar. No lo puedo demostrar, Leonard, pero el ruido sordo de los objetos también corrompe la labor de las brújulas, porque las obliga a marcar el Norte cuando deberían apuntar a mi corazón por el día y al de mis muertos por la noche.

Tuyo, el nieto de Tomasa.

XXXV

Querido Leonard:

Hay recuerdos que van cogiendo cuerpo con los años. Llegaron un día inesperado, llegaron levemente, como la pluma que cae despacio después de haberse desprendido en las alturas de algún pájaro anónimo. Me fascina ese caer caótico de las plumas, perezosas al mandato de la gravedad.

No pesa la pluma, pesa la impresión de verla caer prolongando el instante previo al contacto con el suelo.

Uno de los recuerdos que en mí tienen peso e impresión es el de un paseo con mi abuelo, hace ya muchas nieblas y desamores, enmarcado en montes de hierro y ecos de minería. Es uno de mis recuerdos favoritos y quizá uno de los que más ha marcado mi vida.

Es lo que tienen las caídas de las plumas, que marcan los aires.

Mi abuelo era un hombre cargado de hombros y de bondad. Cuando encuentro sentido al mundo, en esos segundos raros en que las piezas encajan, creo que me parezco un poco a mi abuelo José. Era un hombre algo reservado y su nieto, que también lo era, le pidió a bocajarro que le contara de la guerra. Sí, eso hice.

La petición me salió de forma inesperada, como frase incontrolable con voluntad propia o, quizá, como frase con conciencia propia, sabedora de que la respuesta que convocaba marcaría para siempre a aquel niño que soy.

José contó lo sucedido muchos años antes, mucho más al sur, con palabras manchadas de pólvora y miedo. Su relato fue como una plegaria a íntimos dioses familiares, una manta de ruda lana con la que salvar la vida en lo peor del invierno — «Viejos dioses olvidados, proteged a mis hijos y a los hijos de mis hijos, alejadlos de las bocas de los fusiles y del hambre en las bocas. Amén»—.

Recogí aquellas palabras de mi abuelo sobre la guerra como una reliquia, en el cesto de la memoria del muchacho que soy. Y comprendí, para siempre, lo mala que es la guerra. Fue una buena lección.

Tuyo, el nieto de Tomasa.

XXXVI

Querido Leonard:

A veces tomo asiento frente al niño que fui y le pongo a sus pies, como una ofrenda, todas mis renuncias y derrotas. Mis fatigas, mis caminos, el viento de costado que golpea como cosa sólida.

Le cuento de lo mucho que me he perdido para encontrarle, de los años que nos separan, de lo ocurrido en ellos. Y de lo no ocurrido; no sé dónde quedó perdido lo perdido, ni a dónde fueron los besos que no di —casi todos— o las sonrisas que me tacañeó la noche.

Ante el niño que fui presento lo que tengo, un catálogo mediocre de esfuerzos. Y, Leonard, mi niño guarda silencio, el mismo silencio que guardo yo ante el mundo. Desesperado, le insisto en que vengo por lo mío, por lo suyo y lo mío, por ese mar que bañó mi infancia. Es un mar bueno, no como el mar del que te he hablado en páginas anteriores.

Habíamos quedado mi niño y yo en que le protegería y él protegería mi mar, nuestro mar. Por eso le reclamo esas olas, espumas y profundiades. Le hago preguntas que riegan una planta de tristeza.

Ayer, tras mucho insistirle, me dijo:

—Aquí lo tienes, tu mar, nuestro mar.

Pero no. No era mi mar, era solo un mar. Un mar cualquiera, un mar de cualquiera.

Tuyo, el nieto de Tomasa.

XXXVII

Querido Leonard:

La televisión vomita a ciertas horas y en ciertos canales una bilis dulzona que no entiendo. Se pega a la mirada con inquina. Eso primero, porque después esa televisión infecta las carnes del alma con sus ganchos herrumbrosos.

Para desintoxicarme, Leonard, tengo que acudir a tu música o a la de Joan Manuel cantando las letras de Miguel. ¿Te he contado alguna vez cuando Joan Manuel le llevó esa música a la viuda de Miguel? Fue cuando el hormigón de la dictadura se había quebrado pero sus vísceras seguían pesando sobre la tierra de España.

Él se acercó a Elche —que no era Orihuela, el pueblo del poeta y el de Ramón— para que ella escuchara los versos hechos música. Fue en busca de una casa, ya sabes, que estaba pintada, no vacía, pintada del color de las grandes pasiones y desgracias.

La viuda y el joven cantautor escuchando aquella música en un tocadiscos que él acababa de comprar de urgencia porque ella no tenía. Ambos quietos, pudorosos, con las canciones y las palabras de Miguel alrededor. Supongo que fue uno de esos momentos raros en los que parece que no todo está perdido.

El resto de momentos parece lo contrario.

Tuyo, el nieto de Tomasa.

XXXVIII

Querido Leonard:

En la piscinas de verano hay una exhibición de cuerpos. Resulta curioso comprobar cómo algunos han rendido tributo al tiempo y la gravedad y cómo otros se engañan pensando que no habrán de hacerlo.

Al no tener apenas ropa, la jerarquía del grupo la marca la turgencia, que es una cualidad firme y saltarina. Hay también cierto desparrame de tintas en la piel, con letras y dibujos en escaparate. Para mostrarse se tatuaron y mostrándolos se cierra el círculo de vanidosa exposición.

Hace años, en otras piscinas, me fijaba en los cuerpos de nombres femeninos. Ahora, también. Y algo más, porque tras leer los lúbricos versos de Constantino no dejo de repasar con disimulo la anatomía de los bellos efebos que, la verdad, no abundan ante mis ojos como en aquellas lúgubres y lúbricas tabernas de Alejandría.

Cuanto más perfecto el cuerpo que observo, tanto más pienso en que esa cima bella —que se jodan los guapos— dará paso a un descenso fláccido. Será lento, pero inexorable. Y, al final, como una gran boca sin fondo, la muerte.

Tuyo, el nieto de Tomasa.

XXXIX

Querido Leonard:

Tú, que tanto echaste de menos a Federico sin conocerle —como yo a Miguel—, entenderás perfectamente que en este bendito país de todos los demonios leemos mal los libros sobre nuestra Guerra Civil.

Porque los leemos así, sin preocuparnos de verdad, sin tomar precauciones ante la sangre chorreando por entre las páginas. Nuestra sangre.

Se nos escurre Unamuno muerto de miedo en Salamanca antes de morir otra vez, la de verdad. Y dan ganas de bajar la mirada y el brazo ante los tuertos y los mancos.

Leemos sin prepararnos.

Los libros sobre nuestra España, Leonard, habría que leerlos usando una hoja de olivo como marcapáginas.

Tuyo, el nieto de Tomasa.

XL

Querido Leonard:

Hay gente que se afana por estar a la altura de sus sueños, que se esfuerza en dar a sus deseos un camino de entrada a sus vidas.

También hay gente que quiere estar a la altura de otra gente. El truco es evidente, pues serás un gigante si te rodeas de gente pequeña.

Y hasta hay quienes renuncian a las alturas y son como aquel Rey David arrastrado por el suelo, cubierta de polvo la melena.

Estar a la altura implica medirse, ejercicio desasosegante, pues hay muchas varas de medir, y hasta baras de medir y golpear.

Solo hay, Leonard, una medida buena: la del latido, que ofrece una cifra cantarina hasta que deja de cantar.

Y yo, ya sabes, lo que espero es estar a la altura de mis miedos. Gigantescos y crecientes. También dejarán de cantar.

Tuyo, el nieto de Tomasa.

XLI

Querido Leonard:

Perdono todo a todos porque necesito que todos me perdonen todo. O, al menos, lo intento.

Me veo en la obligación de comportarme así porque soy de los que necesita que le perdonen mucho y muy a menudo. Perdón para el que fui, para el que vengo siendo y para el que seré. Perdón merecido o perdón indigno, pero siempre necesario. Perdón particular para mis miserias cotidianas y general para la miseria completa que sirve de sombra a mi voluntad.

Perdón que limpie la culpa. Y la rabia.

Perdono todo a todos para esperar el día, quizá mañana será entonces, en que sentados frente a frente, emocionados, nos dé por acariciar cantos rodados y embriagarnos con el vuelo perfecto de las libélulas.

El perdón, Leonard, es cosa de sabios y yo soy la excepción de la regla.

Tuyo, el nieto de Tomasa.

XLII

Querido Leonard:

Los libros son vida sumada. Esta vida, la que dicen que es de verdad, la que va de enero a enero, suma poca cosa y hay como un rumor latente que exige encontrar un complemento, porque se nos queda corta. Poca vida para vivirse si no le añadimos algo.

Yo, puestos a sumar y sabiendo que los desfogues, las sustancias y la carne están huecos, sumo libros, que están llenos de hojas, versos y párrafos.

Los libros suman y me queda una vida sumada que le debe a la alquimia de la tinta el aguante necesario para frenar la resta de los días.

Supongo que tú, Leonard, te preguntarías alguna vez cómo se puede seguir vivo sin música. Es una buena pregunta, porque sin música la vida es como un paisaje sin camino, manzana sin piel, un despropósito.

Yo me pregunto cómo se puede vivir sin leer porque, ya sabes, eso es vida restada. Los libros me sirven para calzar la pata que cojea en la mesa de mi vida.

Tuyo, el nieto de Tomasa.

XLIII

Querido
Leonard:

En mi pueblo hay un loco que va contando a quien quiere escucharle que él se encarga de encender las calles todos los días. Mirándole y mirando a otros locos, trato de hallar una justificación a sus desvaríos, un punto de belleza en su desmadre de neuronas.

Me digo que tienen la mirada perdida porque un vez se acercaron demasiado a las palabras y les abrasó el pensamiento ver tan de cerca el misterio, el aire hecho temblor. Y que se despeñó entonces lo que en ellos había de cordura.

Quisiera salvarles de la locura de estar locos sin motivo. Quisiera salvarme yo también del miedo que siento cuando observo un poco más de cerca las palabras y noto que están dispuestas a saltarme al centro de los ojos para destrozarme la mirada —ya sabes, que cualquiera pueda ver que al fondo está la muerte sentada—. Y hacer del aire temblor y despeñar lo que en mí queda de cordura.

¿Tú estabas loco, Leonard? Si lo estabas, yo quisiera una locura socarrona como la tuya, tan profunda que tenía alas y volaba. Y volabas.

Si me voy a volver loco, que sea con sombrero para irme todas las mañanas a conversar con los pajarillos del parque. Que la gente comente a mi paso: «Por ahí va el del sombrero... está loco pero es un loco bueno».

Así, sin más, entre gorriones y sombreros, ver empezar a caer el siglo y antes caer yo.

Tuyo, el nieto de Tomasa.

Querido Leonard:

Me pregunto cuántos años tiene el tiempo. Yo creo que el tiempo es viejísimo, una bola pulida y ardiente, unas figurillas de barro con abultados senos, un capitel jónico una tarde de julio en el Mediterráneo.

El tiempo es lo que caerá con un seco golpe —perfectamente serio, como dijo Antonio— cuando me echen al espacio del olvido, cuando llegue la respuesta a todos mis cuándos y a nadie importe ya.

El tiempo, ya sabes, en tu caso fue lo que iba de canción a canción, de mujer a mujer, de la voz a la muerte.

Yo le hablo al tiempo y me contesta cuando duermo, anticipando que comprenderé cuando no despierte. Será que no me habla porque en realidad yo no soy viejo, es solo que estoy roto.

El tiempo, intuyo, no tiene edad, es viejísimo, casi tan viejo como la risa de mis hijos.

Tuyo, el nieto de Tomasa.

XLV

Querido Leonard:

Cada día que pasa está más claro que todo es confuso. Restos de claridad quedan, y no siempre, en las esquinas de los viejos caminos donde la eternidad va depositando tiempo, polvo y pequeñas piedras.

Pero yo, por las anchas calles, rodeado de ordenada y civilizada muchedumbre, hago esfuerzos para no detenerme de pronto y preguntarle a cualquiera si también tiene claro que todo es confuso.

Las aceras, los semáforos, los parques y los bastones de los ciegos defienden su clara labor y me exigen un auto de fe sobre el orden y la esperanza en que, me cuentan, vivimos. Yo, ya sabes, soy más de rugosas cortezas de encina, de bocas sedientas, de heridas cercadas de sal.

Si mi corazón entre hielos pudiera derretirse al sol lento de cualquier agosto inesperado, Leonard, entonces no echaría tanto de menos las esquinas de los caminos.

Mientras tanto, deseoso de hermanarme al polvo y a las piedras pequeñas, sigo disimulando, que de eso se trata.

Tuyo, el nieto de Tomasa.

Querido
Leonard:

Bajo el cielo, sobre la tierra, entre siglos y noticias va mi corazón buscando espejos que le miren con dulzura. Busca espejo en la mar calma, en los pulidos bronces antiguos, en el silencio de charcos olvidados que se secarán mañana por la tarde.

Busca mi corazón hasta en tu voz de harina, Leonard, y en las sucias patas de las palomas.

Cree mi corazón que en los espejos podrá hallar la alegría, como si fuera eterna y se estuviera quieta. Me incomoda su ingenuidad, pero no puedo deshacerme de él hasta que él se deshaga de mí.

En fin, que así vamos, buscando espejos.

Mi corazón, que hace tiempo partió y no acaba de llegar, una vez creyó encontrar, pero no era más que el aire, que estaba dando la vuelta.

Tuyo, el nieto de Tomasa.

XLVII

Querido Leonard:

Ya sabes que no puedo evitar ser un ateo que sigue esperando el milagro. Perdóname que insista pero es que estoy atento al doblar de cada esquina y de cada página, a la imagen de cada nube por si sucede, por si lo encuentro así, de golpe, indeterminado pero portentoso en el fondo —como dicen que son los milagros—.

Por concretar un poco, espero ver una gota de lluvia en el ala nerviosa de un gorrión, el reflejo de la luz de cualquier farola en las pupilas de algún perro callejero, la llave de la Caja de Pandora en una galletita china.

Un milagro que me permita dejar de andar a versos, que es la forma de andar a tientas que tenemos los poetas.

Tuyo, el nieto de Tomasa.

XLVIII

Querido Leonard:

Tendré que ir pensando en dejar de escribirte, que ya has tenido suficiente atención siendo nada más que un invento literario.

Hubiera sido mejor hacer un agujero en la tierra para contarle todas estas fatigas y después taparlo. Da igual. Llegará el día en que la tierra sepa todo lo mío resumido en la fatiga final que es morirse.

Vamos a dejar, Leonard, estos escritos tan prescindibles. Voy a dejar de escribirte, a dejar de escucharme.

He comprendido que no tendré alas, solo sombrero, que en mis hombros la lluvia es barro, que tengo exactamente el sabor de cualquiera. He comprendido que no hay que comprender. Me voy al mundo a sentir y a peinar la melena al miedo como si el miedo fuera un niño bueno.

Seguiré sonriendo con cada nuevo gorrión.

Tuyo, el nieto de Tomasa.

XLIX

Querido
Leonard:

Tú que estás muerto, hazme un favor, apaga la luz de este libro.

Tuyo, el nieto de Tomasa.

L

Querido
Leonard:

Una última cosa, Leonard... no cantemos derrota todavía.

Tuyo, Gaztea.

tinta**mala**